Stephanie Schädler, Martina Krug

Das einfache Lesetagebuch

Differenzierte Vorlagen und spielerische Übungen zur Texterschließung

PERSEN

Die Autorinnen

Stephanie Schädler und **Martina Krug** arbeiten in sonderpädagogischen Bildungs- und Beratungszentren in Baden-Württemberg. Stephanie Schädler ist (seit 2010) Sonderschullehrerin mit den Fachrichtungen geistige Entwicklung und körperliche und motorische Entwicklung. Martina Krug ist (seit 2013) Sonderschullehrerin mit den Fachrichtungen körperliche und motorische Entwicklung, geistige Entwicklung und Lernen bei Blindheit und Sehbehinderung.

Beide Autorinnen haben das Fach Deutsch studiert und unterrichten Jugendliche und junge Erwachsene in heterogenen Lerngruppen. Ein Schwerpunkt ihrer Arbeit liegt auf dem Schriftspracherwerb und auf der Förderung von Lese- und Schreibkompetenzen unter erschwerten Bedingungen.

Durch ihre Arbeit sind sie immer auf der Suche nach altersentsprechend aufbereitetem Material und fassten während eines einjährigen Leseprojektes den Entschluss, dieses Heft zu erstellen.

Gedruckt auf umweltbewusst gefertigtem, chlorfrei gebleichtem und alterungsbeständigem Papier.

1. Auflage 2017

Grafik: Katharina Reichert-Scarborough (inkl. Cover), Julia Flasche (Puzzleteile S. 9 / 10, CD-Symbol S. 28 / 61 / 62 / 89, Smiley S. 54 / 55, Kalender S. 58, Gesichter S. 58, Rahmen S. 44), Mele Brink (Zahlen S. 30), Ingrid Hecht (Nadel S. 30)
S. 85: Mindmap © infadel – Fotolia.com

CD-Material „Die Schauspieler":

Filmstreifen © Nasared – Fotolia.com
Kameralinse © Sean Gladwell – Fotolia.com
Kamera / Filmklappe / Popcorn / Filmrolle © Jag_cz – Fotolia.com

Satz: Typographie & Computer, Krefeld

ISBN: 978-3-403-20226-4

www.persen.de

Inhaltsverzeichnis

Einführung

„Es ist leichter, das Buch zu behalten, als das, was drinnen steht." *(Michel de Montaigne)*

Im Schulalltag haben wir die Erfahrung gemacht, dass unsere Schüler aufgrund verschiedenster Ursachen ungern lesen. Sie haben Schwierigkeiten, sich Inhalte zu merken oder komplexe Handlungen zu verstehen. Der kognitive Leistungsstand spielt dabei mit Sicherheit eine Rolle. Das Lesen stellt eine große Herausforderung dar und ist für viele Schüler mit Anstrengung verbunden. Gleichzeitig fehlen häufig die positiven Erlebnisse, welche sie zum Lesen im schulischen und privaten Umfeld motivieren. Unzureichende Lesestrategien und wenig Erfahrung im Umgang mit langen Texten bedingen sich gegenseitig und können zu Leseunlust führen. Oftmals überwiegen Misserfolg und Frustration.

Schulisches Lesen erfolgt meist nur bedingt interessengeleitet. Bei der Auswahl einer Klassenlektüre können kaum alle Vorlieben berücksichtigt werden. Ein gemeinsames Buch wird nicht dem individuellen Leistungsstand der Schüler gerecht. Unser Ziel ist es, den Bedürfnissen und Wünschen der Schüler im Bereich Lesen entgegenzukommen und Lesemotivation zu schaffen. Im Vordergrund sollen positive Erfahrungen und Freude am Lesen stehen. Durch eigene Interessen soll die Lust auf Bücher geweckt und ein Zugang zu Literatur geschaffen werden.

Als Alternative zur Klassenlektüre sehen wir deshalb unterschiedliche Bücher für alle Schüler. Bewusst und eigenständig kann sich jeder Schüler für ein Buch entscheiden. Durch die persönliche Identifikation soll die aktive Auseinandersetzung mit dem Text bestärkt werden.

Das einfache Lesetagebuch eröffnet allen Schülern eine interessengeleitete Herangehensweise. Obwohl sie im Hinblick auf Thema und Umfang ganz verschiedene Bücher lesen, benutzen sie alle dasselbe Arbeitsmaterial. Das einfache Lesetagebuch gliedert sich in drei Teile, die individuell einsetzbar sind: *„Vor dem Lesen, Während des Lesens, Nach dem Lesen"*. Die Arbeitsblätter sollen die Schüler bei der Lektüre begleiten und bei der Sicherung von Inhalten unterstützen. Innerhalb der einzelnen Unterthemen können sie in beliebiger Reihenfolge bearbeitet und Schwerpunkte gesetzt werden.

Das Material ermöglicht jedem Schüler, in seinem individuellen Arbeitstempo und seinem Leistungsstand entsprechend zu arbeiten. Die meisten Arbeitsblätter liegen in zwei Niveaustufen vor. Die Differenzierung wird durch verkürzte Aufgaben, einfachere Arbeitsanweisungen oder Lösungshilfen angeboten. Folgende Piktogramme kennzeichnen den Schwierigkeitsgrad der Arbeitsblätter:

= leicht

= mittlerer Schwierigkeitsgrad

= schwer

Je nach Schülerschaft können die Arbeitsblätter unterschiedlich eingesetzt werden. Gemeinsam mit dem Schüler kann die Lehrperson eine Mappe mit ausgewählten Arbeitsblättern vorfertigen. Denkbar wäre aber auch eine Lerntheke, an der sich die Schüler entsprechend bedienen können. Entscheidend ist nicht, welche Form gewählt wird, sondern vielmehr, dass die Schüler ihren Lernprozess aktiv mitgestalten. Selbstorganisiertes und selbstständiges Lernen soll im Vordergrund stehen.

Bewegungsaufgaben sorgen für Rhythmisierung und helfen besonders Schülern mit geringer Konzentrationsspanne, sich aktiv auf eine neue Arbeitsphase einzulassen. Gemeinsame Gruppenspiele regen den Austausch über die ausgewählten Bücher an und schaffen so gemeinsames Wissen und Gesprächsanlässe. Durch ihre Mitschüler erhalten alle Schüler Einblicke in andere Bücher und Themen. Die Schüler werden neugierig und bekommen vielleicht sogar Lust, ein neues Buch zu lesen.

Es hat sich bewährt, Inhalte auf verschiedenen Ebenen anzubieten. In der Vorauswahl der Bücher kann darauf geachtet werden, ob es entsprechende Hörbücher oder Filme gibt. Sie erhöhen oftmals die Motivation und fördern das Verstehen des Gelesenen. Sollte dies nicht möglich sein, können einzelne Kapitel auf Tonband oder Vorlesestift aufgenommen werden.

Auf der beiliegenden CD befinden sich weitere Anregungen und Arbeitsblätter sowie das Arbeitsheft als Word-Datei. Arbeitsblätter können individuell verändert, die Schriftgröße beispielsweise angepasst werden.

Wir wünschen Ihnen viel Freude bei der Unterrichtseinheit und hoffen, die Schüler behalten nicht nur das Buch, sondern auch das Gelesene.

Vor dem Lesen – Lehrertipps

Mit diesen Büchern haben wir gute Erfahrungen gemacht
Weltliteratur für Kinder (Kindermann) „Einfach Lesen!“-Reihe (Cornelsen)

Motivation für Schüler, die ungern schreiben
Einzelne Arbeitsblätter lassen sich auch stempeln, z. B. das Deckblatt.

Bücherkisten
In Büchereien kann man sich zu einem Thema Bücherkisten zusammenstellen lassen. Mit diesen kann man dann z. B. die Sortieraufgaben bearbeiten.

Unsere Erfahrungen
Bücher mit vielen Personen können Schüler überfordern. Personennamen und Fantasiegestalten sollten leicht auszusprechen sein.

Genres
Eventuell ist es sinnvoll, mit dem Arbeitsblatt „Welche Genres gibt es?“ ein Plakat für das Klassenzimmer zu gestalten.

Weitere Kategorien, nach denen man Bücher ordnen kann
Cover, die gefallen und die nicht gefallen nach Farben der Cover sortieren Bücher nach Erscheinungsdatum sortieren nach Anfangsbuchstabe des Titels

Spiele
Die empfohlenen Spiele für Gruppen (welche immer auf den letzten Seiten des Kapitels stehen) können zum Einstieg, zur Vertiefung oder zum Abschluss genutzt werden. Dadurch wird der Austausch angeregt.

S. Schädler / M. Krug: Das einfache Lesetagebuch

Die Bücherkiste – Fragen

Die Lehrperson stellt eine große Kiste mit unterschiedlichsten Büchern zusammen. Die Schüler können in Einzel-, Partner- oder Gruppenarbeit mit der Bücherkiste arbeiten.

Dicke Staple die Bücher. Welches ist das dickste Buch?	**Seitenzahl** Stelle die Bücher in einer Reihe auf. Welches Buch hat die meisten Seiten?
Geruch Riecht das Buch gut oder nicht gut? Mache zwei Stapel.	**Aussehen** Spricht dich das Cover an? Ja, nein, vielleicht? Mache drei Stapel.
Autor Wer hat das Buch geschrieben? Eine Frau oder ein Mann? Mache zwei Stapel.	**Titel** Interessant oder eher langweilig? Stelle die Bücher in einer Reihe auf.
Klappentext Der Klappentext macht mich neugierig oder nicht. Mache zwei Stapel.	**Jetzt bist du dran** Wie könnte man Bücher noch sortieren?

Die Bücherkiste – Antworten

Das Buch ist am dicksten:

____

Das Buch hat die meisten Seiten:

____

Das Buch riecht am besten:

____

Das Buchcover spricht mich am meisten an:

____

So viele Bücher sind von einer Autorin:

____

Der Buchtitel interessiert mich am meisten:

____

Dieser Klappentext macht mich neugierig:

____

So könnte man Bücher auch sortieren:

____

____

____

Verbinde die Begriffe mit ihren Erklärungen.

Der Klappentext

Der Autor

Das Inhaltsverzeichnis

Ein Kapitel

Das Titelbild

ist ein Abschnitt eines geschriebenen oder gedruckten Textes.

ist der Verfasser des Buches.

ist die Zusammenfassung des Buchinhalts.

ist das Motiv auf der Titelseite eines Buches.

gibt einen Überblick über den Inhalt des Buches.

Begriffe zu Literatur kennenlernen

Verbinde die Begriffe mit ihren Erklärungen.

Literatur

Das Inhaltsverzeichnis

Der Autor

Der Klappentext

Cover

Ein Verlag

Die Kapitel

Das Titelbild

Abschnitt

ist das englische Wort für Hülle.

zeigt alle Kapitel mit Seitenzahlen an und gibt einen Überblick über das Buch.

wird ein kurzer Teil eines Textes genannt.

kauft das Buch dem Autor ab und verkauft es dann an die Leser weiter.

sind durchnummeriert und haben manchmal sogar Überschriften.

ist alles, was aufgeschrieben und erzählt wurde oder wird.

ist der Verfasser eines Buches.

ist die Zusammenfassung des Buchinhalts.

ist das Motiv auf der Titelseite eines Buches.

Wichtige Genres kurz erklärt (1)

Es gibt verschiedene Arten von Büchern. Man sagt auch **Genre** dazu. Du kannst die Bücher nach **Genre** ordnen.

Fülle folgende Wörter aus dem Kasten in die Lücken.

Biografien • Abenteuerromane • Historische Romane • Sachbücher und Ratgeber • Thriller • Romane mit Humor • Science-Fiction • Liebesromane • Fantasy • Krimi • Jugendbücher

Jugendliche Hauptdarsteller kommen in diesen Büchern vor.

Es geschehen Morde und Verbrechen. Diese Bücher sind voll Spannung und oft düster und blutig.

In diesen Büchern gibt es Hexen, Magie, Feen oder Gespenster. Der Leser braucht viel Fantasie.

Herzschmerz und Liebe sind Hauptinhalt dieser Bücher.

Die Geschichten spielen in der Vergangenheit.

Diese Bücher werden von Außerirdischen und Ufos bestimmt. Oft spielen sie in der Zukunft.

Wichtige Genres kurz erklärt (2)

Diese Büchern erzählen lustige Geschichten. Der Leser soll möglichst viel lachen.

Diese Bücher berichten über das Leben bekannter Menschen. Es kann sein, dass dieser Mensch noch lebt. Meist ist er aber bereits gestorben.

Diese Bücher geben Informationen zu verschiedenen Themen.

Die Geschichte ist sehr spannend. Es kommen Spione, Verschwörer oder geheimnisvolle Unbekannte vor.

Auf hoher See, im Dschungel, in der Arktis, auf einer einsamen Insel oder allein gegen ein Rudel Wölfe: In diesen Romanen geht es abenteuerlich zu.

Welche Genres gibt es? (1)

Kannst du dich an die fehlenden Genres und Erklärungen erinnern?
Fülle die Tabelle aus. Wenn du Hilfe brauchst, kannst du auf der nächsten Seite nachschauen.

Genre	Erklärung
	Jugendliche sind die Hauptfiguren in diesen Geschichten.
Krimi	
	Spione, Verschwörer und geheimnisvolle Unbekannte spielen in diesen Geschichten mit.
Historischer Roman	
Romane mit Humor	
	Viel Liebe und Herzschmerz kommen in diesen Geschichten vor.
	Die Geschichten drehen sich um Hexen, Feen und Vampire.
Science-Fiction	
Biografien	
Abenteuerromane	
	Die Bücher geben Informationen zu einem Thema.

Welche Genres gibt es? (2)

Hier findest du die fehlenden Genres und Erklärungen für die Tabelle.
Du kannst sie abschreiben oder ausschneiden und aufkleben.

Jugendbuch

Fantasy

Liebesroman

Sachbuch oder Ratgeber

Thriller

Auf hoher See, im Dschungel, in der Arktis, auf einer einsamen Insel oder allein gegen ein Rudel Wölfe: In diesen Romanen geht es abenteuerlich zu.

Außerirdische und Ufos kommen vor.

Lustige Geschichten, in denen es viel zu lachen gibt.

Mord, Verbrechen, Spannung, oft sind die Geschichten düster und blutig.

Romane, die in der Vergangenheit spielen.

Geschichten, die das Leben eines berühmten Menschen erzählen.

Gemischte Genres

Oft werden Genres auch gemischt Ein Beispiel hierfür ist das Buch **„Löcher“** von **Louis Sachar**. Stanley wird vor die Wahl gestellt: Jugendgefängnis oder 18 Monate Camp Green Lake? Er entscheidet sich für das Camp.

Ein Jugendlicher erlebt verschiedene Abenteuer. Das Buch könnte man zu [Abenteuerroman] oder zu [Jugendbuch] zuordnen.

Welche Kombinationen könnte es noch geben?

Hier kannst du jeweils das Titelbild einkleben. Suche im Internet danach.

________ + ________

________ + ________

________ + ________

Interview

Was hast du zuletzt gelesen? Suche dir einen Interviewpartner und notiere die Antworten.

1. Was ist dein Lieblingsbuch?

Foto vom Lieblingsbuch oder Bild vom Cover aus dem Internet

2. Worum geht es in dem Buch?

3. Zu welchem Genre gehört das Buch? Kreuze an.

	Jugendbuch		Biografie
	Liebesroman		Sachbuch
	Krimi		Science-Fiction
	Thriller		Fantasy
	Humor		Historischer Roman

4. Wo informierst du dich über Bücher?
   - ○ Buchhandlung
   - ○ Internet
   - ○ Empfehlungen von anderen
   - ○ Zeitung/Zeitschrift
   - ○ Ich kaufe mir Bücher, wenn mir das Bild auf dem Buch gefällt.
   - ○ ______________________
   - ○ ______________________

5. Hörst du Hörbücher?
   - ○ ja
   - ○ nein

Buchauswahl – Was könnte mich interessieren?

Verbinde, was auf dich zutrifft.

Ich würde gerne etwas lesen mit …

- **Abenteuern.**
- **mehr als 200 Seiten.**
- **Humor.**
- **weniger als 200 Seiten.**
- **gleichaltrigen Darstellern.**
- **Geschichten aus der Vergangenheit.**
- **einfacher Schrift.**
- **Liebe.**
- **einem Hörbuch als Hilfe.**
- **Hexen, Feen oder Vampiren.**
- **Gruselfaktor.**
- **einem Verbrechen oder Mord.**
- **Tieren.**
- **Bekanntheit (ein Buch, das viele Leute kennen).**

Um was für ein Buch könnte es sich handeln? Dir helfen die Arbeitsblätter zu den Genres. Findest du im Internet ein passendes Buch? Gib einzelne Beschreibungen ein (z. B. Jugendbuch, spannend, Liebe etc.).

Welche Bücher werden dir empfohlen?

- ______________________________
- ______________________________
- ______________________________

Buchauswahl – Was könnte mich interessieren?

Kreuze an, was auf dich zutrifft.

Ich würde gerne etwas Spannendes mit Abenteuern lesen.	
Ich würde gerne lachen müssen, wenn ich etwas lese.	
Die Hauptdarsteller im Buch sollen so alt sein wie ich.	
Das Buch soll weniger als 200 Seiten haben.	
Das Buch soll weniger als 100 Seiten haben.	
Das Buch soll einfach zu lesen sein.	
Ich möchte beim Lesen gerne was über die Vergangenheit erfahren.	
Ich möchte mich beim Lesen gruseln oder auch etwas Angst haben, weil das Buch so spannend ist.	
Es dürfen gerne Hexen, Feen oder Vampire im Buch vorkommen.	
Ich möchte zusätzlich zum Buch auch manche Teile als Hörbuch anhören, damit mir das Lesen leichter fällt.	
Ich fände es schön, wenn sich die Hauptdarsteller verlieben.	
Ich würde gerne Detektiv sein und versuche einen Mord oder ein Verbrechen im Buch aufzuklären.	
Es sollen Tiere im Buch vorkommen.	
Ich würde gerne ein Buch lesen, das sehr bekannt ist.	

Überlege anhand deiner Kreuze. Um was für ein Buch könnte es sich handeln?

Findest du im Internet ein passendes Buch? Gib einzelne Beschreibungen ein (z. B. Jugendbuch, spannend, verlieben etc.).

Welche Bücher werden dir empfohlen?

Erwartungen an mein Buch

1. Titel und Autor meines Buches:

→

2. Das erhoffe ich mir von dem Buch:

- ○ Spannung
- ○ Abenteuer
- ○ Spaß/Witz
- ○ Gruseln
- ○ Neues lernen
- ○ Unterhaltung
- ○ ______________________
- ○ ______________________

3. Diese Wörter aus dem Klappentext sprechen mich an:

4. Mein Buch beginnt mit dem Satz:

____

____

____

____

____

Das weiß ich über den Schriftsteller

Ein ☐☐☐☐☐☐☐☐☐☐☐☐☐☐ ist jemand, der Bücher schreibt.

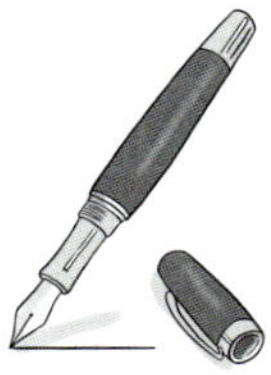

Mein Buch wurde geschrieben von:

____

→ Finde Informationen im Buch oder im Internet.

(Foto)

Der Autor wurde geboren am ____________________

in ____.

Ist er/sie schon gestorben?

☐ Ja, am ____________________________.

☐ Nein, er/sie lebt noch in _____________________ und ist _____ Jahre alt.

Leben:

____

____

____

____

____

Weitere Bücher:

____

____

Das weiß ich über den Schriftsteller

Ein Autor, auch ______________ genannt, ist jemand, der literarische Werke schreibt.

Mein Buch wurde geschrieben von:

____

(Foto)

→ Finde Informationen im Buch oder im Internet.

Lesetagebuch

Von:

Titel:

Autor:

Verlag:

Erscheinungsdatum:

Das habe ich bisher gelesen

Hier kannst du die Kapitel deines Buches eintragen.
Wenn du das Kapitel gelesen hast, malst du das Kästchen aus.
Dein Buch hat keine Kapitel? Wie könntest du es dann aufteilen?

Liegestütze Mache Liegestütze. Die Nase muss dabei das Buch berühren. Wie viele schaffst du?	
Kniebeugen Würfle ein Mal. Die Augenzahl sagt dir, wie viele Kniebeugen du machen sollst. Lege dein Buch dabei auf die Arme.	
Verschlingungen Nimm dein Buch in beide Hände. Kannst du zwischen den Armen durchsteigen, ohne das Buch loszulassen?	

Bücherquartett

Hier kannst du ein **Quartett** herstellen. Überlege dir ein **Symbol**, das zu deinem Buch passt. Male es auf jeder Karte in die obere Ecke. Du kannst das Quartett als **Kartenspiel** mit deinen Klassenkameraden spielen.
Wenn ihr mehr **Action** wollt, könnt ihr die Karten an **vier verschiedenen Orten** auslegen und mit einem **Rollbrett** die passenden Karten einsammeln.

Name
des Lesers:

____

Foto von dir:

Buchtitel:

____

____

Foto von deinem Buch:

Autor:

____

____

Genre:

____

____

Pantomime

Darum geht es: Begriffe nur mit Gesten erklären

Material/Vorbereitung: Kärtchen mit Begriffen zum Leseprojekt (z. B. Buch, lesen, lustig, gruselig …); die Karten befinden sich auf der CD.

Regeln/Ablauf: Die Gruppe bildet einen Kreis. Ein Schüler geht in die Kreismitte. Er zieht ein Kärtchen und ahmt einen Begriff nach. Derjenige, der den Begriff erraten hat, darf als Nächstes in den Kreis und ein Kärtchen ziehen.

Kategorienrutschen

Darum geht es: sein Buch einer Kategorie zuzuordnen und diese erkennen

Material/Vorbereitung: Legen Sie vier Kategorien fest, zu denen sich die Schüler zuordnen können, z. B. Genre (Jugendbuch, Historischer Roman, Fantasy, Liebesroman). Diese vier Kategorien müssen auf Karten festgehalten werden. Die Vorlage für die Karten befindet sich auf der CD.

Regeln/Ablauf: Alle Mitspieler setzen sich in einen Stuhlkreis. Jeder nennt kurz, zu welcher Gruppe er gehört. Nun werden die Karten nacheinander gezogen und auf Ansage wird im Kreis rotiert: z. B. rutschen alle mit Jugendbuch einen Platz nach links, danach alle mit der Karte „historischer Roman“ einen Stuhl nach rechts. Sitzen mehrere Schüler aufeinander, darf nur der oberste weiterrutschen. Das Spiel geht so lange, bis alle Karten gezogen wurden. Am Ende sitzen sich manchmal mehrere Schüler gegenseitig auf dem Schoß.

Geschicklichkeitslauf

Darum geht es: Bewegungspause, wenn die Konzentration nachlässt

Material/Vorbereitung: Es wird ein kleiner Parcours aufgebaut, indem mehrere Stühle mit ein wenig Abstand hintereinandergestellt werden.

Ablauf: Die Schüler versuchen, während sie ein Buch auf dem Kopf balancieren, über die Stühle zu steigen. Am Ende sollen sie ihre Federmappe vom Boden aufheben, ohne dass das Buch von ihrem Kopf herunterfällt. Auf dem Rückweg gehen die Schüler neben den Stühlen her.

Variation: Die Schüler stapeln ein Buch und einen aufgestellten Kleber auf ihre Handfläche. Wer schafft es, am längsten als Kellner durch den Klassenraum zu gehen?

Luftikus 

Darum geht es: Bewegungspause/Auflockerung, wenn die Konzentration nachlässt

Material/Vorbereitung: Karten mit kurzen Wörtern zum Oberbegriff „Leseprojekt“ (z. B. Autor, Buch, lesen, Seite, Kapitel, Mann, Frau ...). Diese befinden sich auf der CD.

Regeln/Ablauf: Führen Sie das Spiel entweder am Platz mit einem Partner oder im Stuhlkreis mit allen Schülern durch. Ein Schüler zieht ein Kärtchen. Mit der Hand oder mit dem Fuß werden die Wörter in die Luft geschrieben und müssen erraten werden.

Kannst du im Stehen lesen?

Darum geht es: in verschiedenen Körperhaltungen lesen

Material/Vorbereitung: Die Klasse überlegt sich gemeinsam Bewegungen, die jeder ausführen kann, wie z. B. auf einem Bein stehen. Jede Bewegung wird auf einem extra Zettel notiert. Der Lehrer notiert im Voraus einfache Sätze zu den Büchern mit großer Schrift, wie z. B.: Im Buch „Tintenherz“ gibt es die Figuren Meggi, Mo und Staubfinger.

Regeln/Ablauf: Ein Schüler beginnt. Er zieht eine der notierten Bewegungen. Ein Mitschüler fragt ihn: „Kannst du im .... lesen?“ Der Schüler versucht dann, in dieser Körperhaltung einen der Sätze zu lesen.

Silbentrennung 

Darum geht es: Begriffe vom Leseprojekt durch Silben erkennen

Material/Vorbereitung: Karten mit Worten mit mindestens drei Silben (z. B. Leseprojekt, Buchautor, Kriminalroman, unterhaltsam, Lesetagebuch ...), und entsprechende Anzahl an Büchern; Karten befinden sich auf der CD.

Regeln/Ablauf: Ein Schüler verlässt den Raum. Die Gruppe überlegt sich ein Wort mit mehreren Silben. Wenn das zu schwer ist, ziehen sie eine Karte, z. B. „Historischer Roman“. Die Bücher werden auf kleinem Raum auf dem Boden verteilt. Jedes Buch steht für eine Silbe des Wortes. Jeweils zwei Schüler merken sich eine Silbe und das passende Buch. Der Schüler wird wieder hereingeholt und muss durch Berühren der Bücher das Wort erraten. Bei jeder Berührung ertönt von den jeweiligen Schülern die entsprechende Silbe (Buch...au...tor). Der Schüler muss nun die Silben ordnen und das Wort erraten.

Während des Lesens – Lehrertipps

Grammatikspiele
Grammatikspiele wie das Spiel zu den Adjektiven (S. 36) lassen sich zu allen Wortarten erstellen.

Vorlesetag
Jedes Jahr am dritten Freitag im November begeistert der Aktionstag über 130.000 Vorleserinnen und Vorleser. Vielleicht macht Ihre Klasse dieses Jahr auch mit!

Lektürearbeit in Kleingruppen
Sollten Schüler ähnliche Interessen haben, bietet es sich an, dass sie ein gemeinsames Buch lesen und sich beim Erarbeiten gegenseitig unterstützen.

Lesezeichen
Auf der CD befinden sich Vorlagen, mit denen die Schüler ihr individuelles Lesezeichen erstellen können.

Jugendbuchtag
Hans Christian Andersen, der bekannte Dichter und Schriftsteller, wurde am 2. April 1805 geboren, deshalb findet der internationale Kinder- und Jugendbuchtag immer am 2. April statt.

Deutscher Jugendliteraturpreis
Die Gewinner werden jedes Jahr im Herbst auf der Frankfurter Buchmesse verkündet.

Anmerkungen machen
Um den Schülern das Lesen zu erleichtern und um sich wichtige Dinge zu merken, bietet es sich an, im Buch Markierungen zu machen. Wir haben gute Erfahrungen mit Stempeln oder Stickern gemacht. Vorlagen zum Aufkleben befinden sich auf der CD.

Ein Kapitel untersuchen: Die Handlung

Datum:

Kapitel / Seitenzahl:

Personen:

____

____

Handlung in drei Sätzen:

____

____

____

____

____

____

____

So war es, den Text zu lesen:

____

____

____

Lehrerhinweis: Dieses Arbeitsblatt kann zu jedem Kapitel verwendet werden.

Ein Kapitel untersuchen: Die Handlung

Suche dir ein Kapitel aus, das du auf dieser Seite genauer untersuchen möchtest.

Kapitel: ________ Seite: _________

Wo spielt die Handlung? Versuche, den Ort so genau wie möglich zu beschreiben.	Was geschieht nacheinander? Versuche die Reihenfolge einzuhalten. Du kannst die Geschehnisse auch durchnummerieren.	Wer ist beteiligt? Welche Rolle hat die Person?
		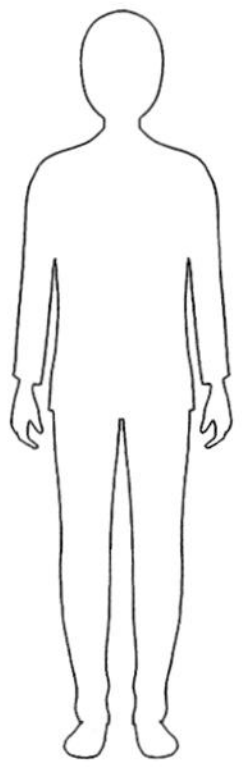

Male eine Skizze zu dem Kapitel.

Ein Kapitel untersuchen: Die Erzählperspektive

Jeder Text hat einen Erzähler, also eine Stimme, die dem Leser die Geschichte erzählt. Die Erzählperspektive ist die Sicht, aus der die Handlung berichtet wird. Man unterscheidet vier verschiedene Erzählperspektiven.

Aufgabe:

Welche Erzählform trifft auf dein Buch zu? Mach hinter jede Aussage, die zutrifft, einen Haken. ✔ Du erkennst deine Erzählform daran, dass alle ihre Aussagen einen Haken haben. Male den Kasten an.

Auktorialer (allwissender) Erzähler

- Er erzählt in der Sie/Er-Perspektive.
- Er kennt die Gefühle und Gedanken aller Figuren.
- Er kann in die Vergangenheit und in die Zukunft der Geschichte sehen.
- Er beurteilt und kommentiert. Er sagt seine Meinung zu dem, was im Buch passiert.

Personaler Erzähler:

- Er erzählt in der Sie/Er-Perspektive.
- Hier bekommt der Leser das Gefühl, „in der Handlung zu sein".
- Der Erzähler ist Teil der Geschichte.
- Der Leser erfährt etwas über die Gefühle und Gedanken des Erzählers.

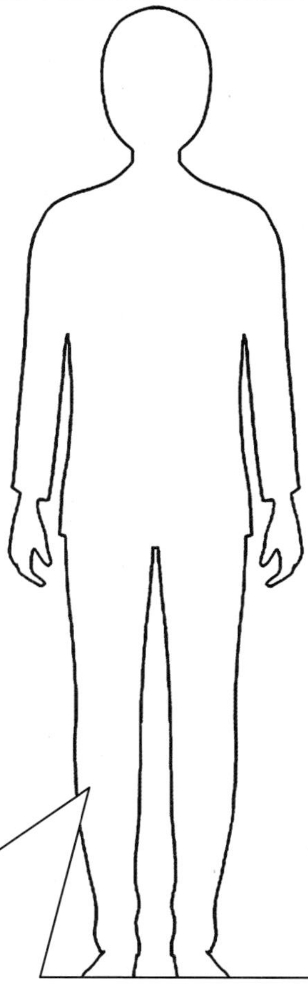

Neutraler Erzähler:

- Er erzählt in der Sie/Er-Perspektive.
- Er gibt keine Wertung, Urteile oder Kommentare.
- Er kommt nicht in der Geschichte vor.

Ich-Erzähler:

- Er erzählt in der Ich-Perspektive und beschreibt die Handlung aus seiner Sicht.
- Der Ich-Erzähler ist eine Figur aus der Geschichte.
- Er kennt die Vergangenheit, aber nicht die Zukunft.

Ein Kapitel untersuchen: Der Ort, an dem es passiert…

Zeichne alles, was du zu dem Ort des Geschehens weißt. Achte auf Anhaltspunkte im Buch. Wo steht etwas (vorne, hinten, rechts, links)? Wer ist zu sehen und mit wem? Werden Farben genannt?

Beschrifte dein Bild, sodass alle wichtigen Personen und Orte benannt sind.

Ein Kapitel untersuchen: Gedanken nach dem Lesen

Was fällt dir nach dem Lesen des Kapitels ein? Welche Gedanken und Gefühle hast du?

Kapitel: ____________ Seiten: ____________

Ich fühle mich ______________________________,

____

weil ______________________________.

Ich denke ______________________________

____

______________________________.

Es macht mich:

- ○ traurig
- ○ wütend
- ○ glücklich
- ○ verrückt
- ○ ____________

Meiner Meinung nach sollte ______________________________

______________________________.

Ich hoffe ______________________________

______________________________.

Ein Kapitel untersuchen: Gedanken nach dem Lesen

Was fällt dir nach dem Lesen ein? Welche Gedanken und Gefühle hast du? Welche Sätze beschäftigen dich? Kannst du mit der Person in der Geschichte mitfühlen? Erkennst du dich wieder?

Kapitel: ________________ Seiten: ________________

Negative Gedanken und Gefühle

____

____

____

____

____

Sätze, die mich beschäftigen

____

____

____

____

____

Postive Gedanken und Gefühle

____

____

____

____

____

Ähnlichkeiten zu mir

____

____

____

____

____

Zeitstrahl: Was passiert wann?

Trage die Ereignisse im Zeitstrahl ein.

Schreibe das Ereignis auf, wer beteiligt ist, das Kapitel und die Seitenzahl.

Beispiel:

Kapitel 1, S.14
Japan 1604,
Geburt von Uki

Eine Zeitleiste hilft dir, dich im Buch zu orientieren. So kannst du dir besser merken, was nacheinander passiert. Du kannst sie immer weiter schreiben.

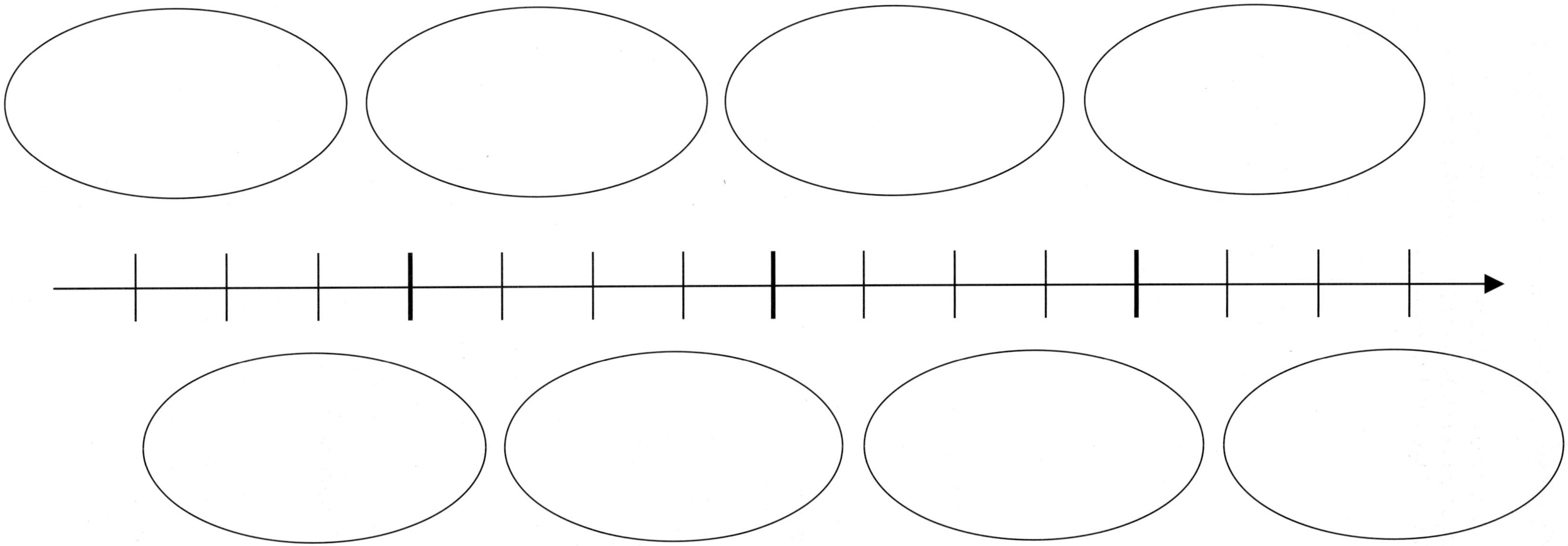

Grammatikspiel zu Adjektiven (Wiewörtern)

Würfle eine Seitenzahl.
Schreibe ein Adjektiv (Wiewort) von der Seite ab.
Überlege, auf welches Nomen (Namenwort) sich das Adjektiv bezieht.

Seite	Adjektiv (Wiewort)	Welches Nomen (Namenwort) beschreibt dieses Adjektiv (Wiewort)?
	Beispiel: altmodisch	Das Adjektiv beschreibt die Wohnung der Hauptperson.

Wichtige Wörter

Trage in die Tabelle Wörter ein, die neu für dich sind und die du wichtig findest. Schlage die Bedeutung der Wörter im Lexikon nach.

Das Wort ist neu/wichtig für mich:	**Seite**	**Das habe ich über die Bedeutung herausgefunden:**

Lieblingswörter und Zitate

Welche Wörter gefallen dir besonders gut?

Welche Wörter gefallen dir nicht?

Wort ______________________

Seite __________

Wort ______________________

Seite __________

Wort ______________________

Seite __________

Wort ______________________

Seite __________

Lieblingssätze und Zitate

Welche Sätze gefallen dir besonders gut?

Welche Sätze gefallen dir nicht?

Seite __________

Seite __________

Seite __________

Mein Lieblingsbild

Kapitel: ______________ Seite: ______________

Auf dem Bild sieht man:

- ○ die **Hauptperson**: ______________________________
- ○ **Nebendarsteller**: ______________________________
- ○ **Hauptperson** und **Nebendarsteller**: ______________________________
- ○ keine Person, sondern: ______________________________

Es gefällt mir, weil:

____

Ich finde es:

- ○ lustig
- ○ traurig
- ○ spannend
- ○ gruselig
- ○ erschreckend
- ○ süß
- ○ zum Nachdenken
- ○ ______________________
- ○ ______________________

Kopiere das Bild aus dem Buch und klebe es hier ein. Du kannst das Bild auch nachzeichnen.

Personen im Buch

Welche Personen kommen bisher im Buch vor? Ordne sie zu.

Name der Person	Beschreibung	Ich finde die Person ...

Personen im Buch

Welche Personen kommen bisher im Buch vor? Ordne sie zu.

Name der Person	**Beschreibung** (Alter, Aussehen, Charakter, Beruf ...)	**Ich mag diese Person, weil ...**	**Ich mag diese Person nicht, weil ...**	**Ich weiß nicht, wie ich die Person finden soll, weil ...**

Eine Person malen

Male eine Person aus dem Buch.
Was erfährst du im Buch über das Aussehen der Person (Haarfarbe, Augenfarbe, Frisur, Kleidung, Statur ...)?
Nimm diese Informationen in dein Bild auf.

Die Person heißt ____.

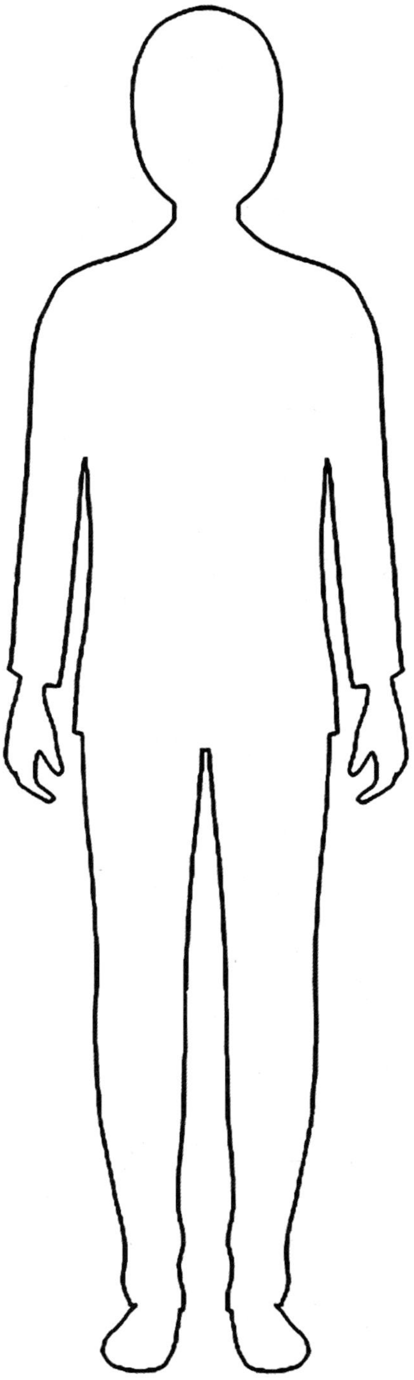

So sieht die Person aus.

Hauptperson in sechs Worten

Beschreibe die Hauptperson in sechs Worten.
Trage die Worte um den Rahmen herum ein.

Name

____

Magst du die Hauptperson?

○ Ja, weil ____________________________________.

○ Nein, weil __________________________________.

○ Kann ich nicht sagen, weil _________________________.

Die Hauptperson

Fülle die einzelnen Punkte aus, während du das Buch liest.

Das denken andere über die Hauptperson

So sieht sie aus: ______________________________

____

Das macht sie gern: ______________________________

____

Das kann sie nicht: ______________________________

____

Das ist besonders an ihr: ______________________________

____

Das sagt die Hauptperson über sich

So sehe ich aus:

____

____

Das mache ich gerne:

____

____

Das kann ich nicht:

____

____

Das ist besonders an mir:

____

____

Die Hauptperson

Trage die Informationen ein, während du das Buch liest.

Das denken andere über die Hauptperson:

Das sagt die Hauptperson über sich:

Unterschiede

Was ist euer größter Unterschied:

Aussehen:

Ich ______________________.

Die Hauptperson

______________________.

Eigenschaften:

Ich bin ______________________

Die Hauptperson dagegen ist

______________________.

Hobbys:

In meiner Freizeit

______________________.

Die Hauptperson

____

______________________.

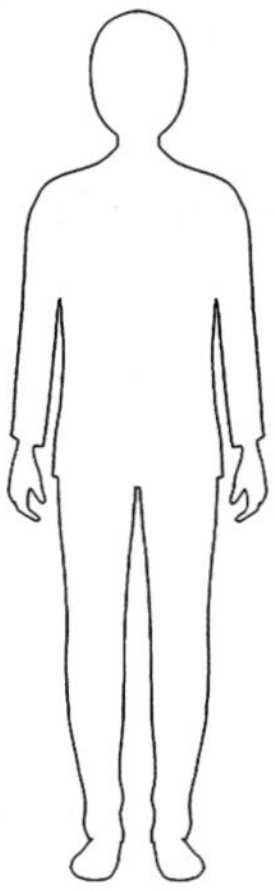

die Hauptperson

____

und

ich

____

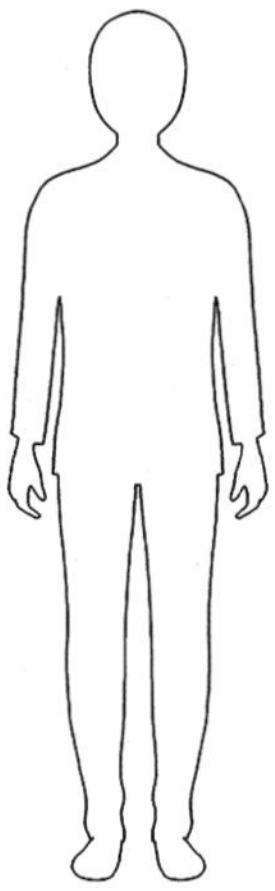

Gemeinsamkeiten

Umkreise, was auf euch beide zutrifft, oder ergänze:

Aussehen:

groß, klein, dick, dünn, alt, jung, blond, dunkelhaarig, Locken, helle Augen, dunkle Augen

____

____

Eigenschaften:

lustig, nett, lieb, böse, artig, wütend, unterhaltsam, redselig, witzig, traurig, müde, motiviert, gelangweilt

____

____

Hobbys:

lesen, reiten, faulenzen, singen, tanzen, schlafen, spielen, shoppen, Fahrrad fahren, joggen, Sport machen

____

____

____

Diese Eigenschaft hätte ich auch gerne:

____

Ich bin froh, dass ich diese Eigenschaft nicht habe:

____

Die Hauptperson und ich

Unterschiede

Was sind eure größten Unterschiede?

Aussehen:

Eigenschaften:

Hobbys:

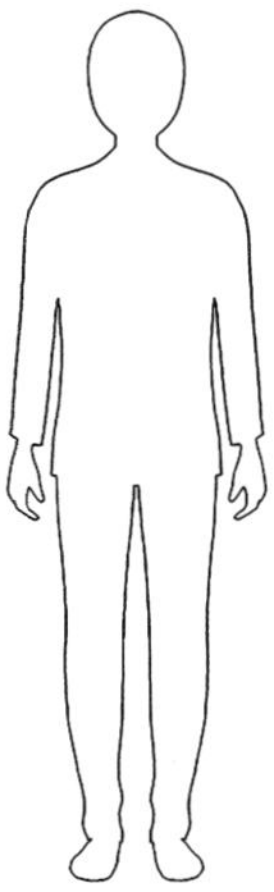

die Hauptperson

und

ich

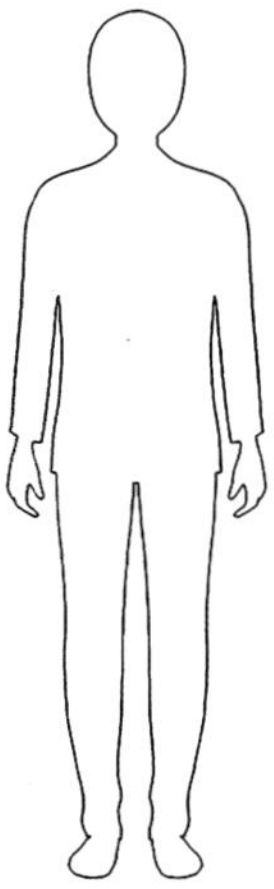

Gemeinsamkeiten

Was sind eure Gemeinsamkeiten?

Aussehen:

Eigenschaften:

Hobbys:

Diese Eigenschaft hätte ich auch gerne:

Ich bin froh, dass ich diese Eigenschaft nicht habe:

Eine Nachricht an die Hauptperson

Stell dir vor, du bist mit der Hauptperson befreundet und schickst ihr eine Nachricht. Was würdest du ihr schreiben?
Was könnte sie antworten? Du kannst gerne Emojis verwenden.

Hier kannst du deiner Nachricht noch ein passendes Foto anhängen.

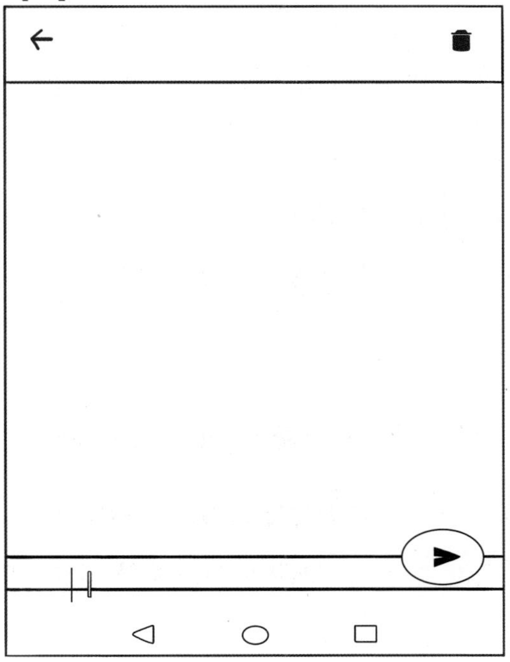

Eine Nachricht an die Hauptperson

Stell dir vor, du bist mit der Hauptperson befreundet und schickst ihr eine Nachricht. Was würdest du ihr schreiben? Was könnte sie antworten? Schreibe einen Dialog. Du kannst gerne Emojis verwenden.

Eine Nachricht von der Hauptperson

Stell dir vor, die Hauptperson schickt eine Nachricht an eine andere Person im Buch. Wem könnte sie schreiben? Was könnte sie als Antwort bekommen?

Hier kannst du der Nachricht noch ein passendes Foto anhängen.

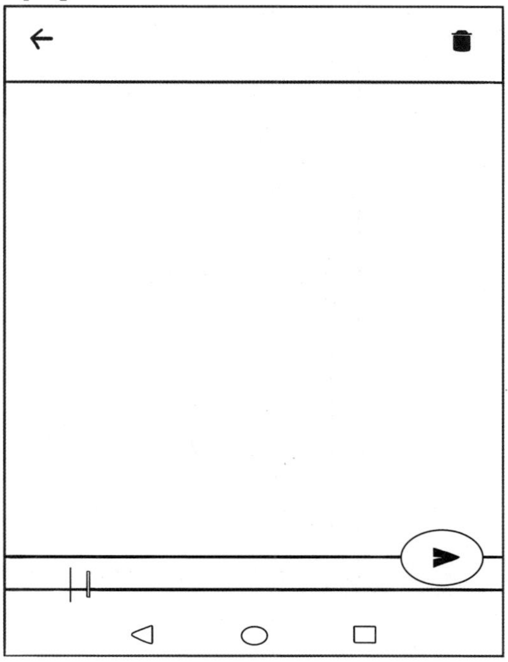

Eine Nachricht von der Hauptperson

Stell dir vor, die Hauptperson schreibt eine Nachricht an eine andere Person aus dem Buch. Wem könnte sie schreiben? Was würde sie als Antwort bekommen?

Wie stehen die Personen im Buch zueinander?

Stell dir vor, die Hauptperson verschickt ein Foto. Auf ihm ist sie mit den wichtigsten Personen aus dem Buch zu sehen. Mögen sich alle? Versuche, dies auf dem Bild deutlich zu machen.

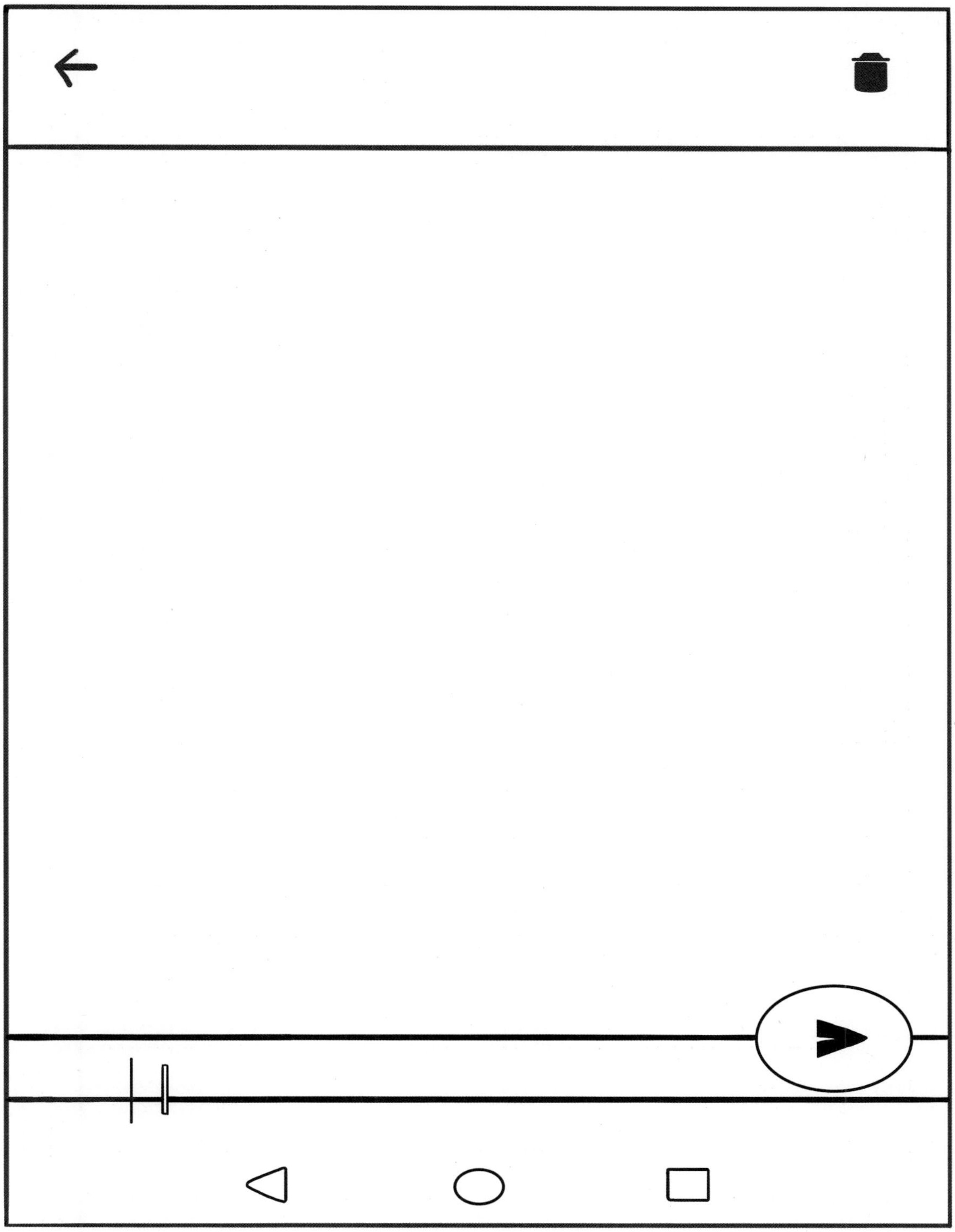

Wie stehen die Personen im Buch zueinander? (1)

Stelle mithilfe von Pfeilen und Symbolen die Beziehungen unter den wichtigsten Personen aus dem Buch dar. Du kannst die Tabelle durch eigene Symbole ergänzen.

Trage dazu die Namen der Personen in die Kreise auf der nächsten Seite ein.
Male die passenden Symbole an die Pfeile.

mögliches Symbol	mein Symbol	Erklärung
		mag den anderen
		mag den anderen nicht
		ist verliebt in den anderen
		ist sauer auf den anderen

Wie stehen die Personen im Buch zueinander? (2)

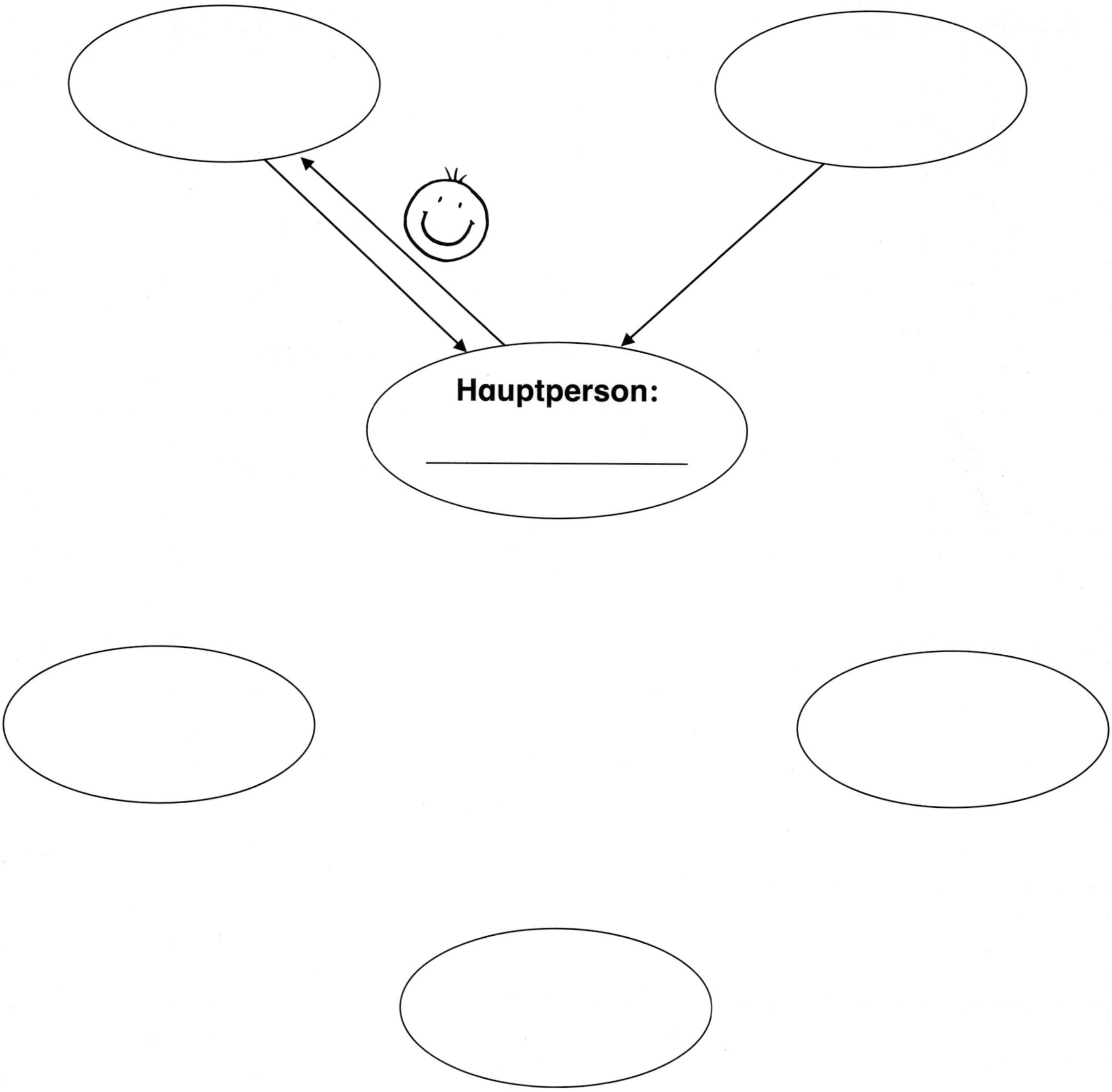

Verhalten bewerten

1. Erinnere dich an eine schwierige Situation, die eine Person im Buch erlebt.

2. Welche Worte beschreiben das Verhalten der Person? Kreise sie ein.

ängstlich herzlos zurückhaltend verständnisvoll verzweifelt hinterhältig
unüberlegt egoistisch liebevoll mutig aggressiv freundlich klug
friedlich großzügig lustig wütend stur arrogant

3. Was denkst du über das Verhalten der Person?

○ Sie hat **richtig** gehandelt.
○ Sie hat **falsch** gehandelt.
○ Ich bin mir **unsicher**.

4 Wie hättest du dich verhalten?

○ Ich hätte mich **gleich** verhalten.
○ Ich hätte mich **anders** verhalten.

Verhalten bewerten

1. Erinnere dich an eine schwierige Situation, die eine Person im Buch erlebt.

2. Welche Worte beschreiben das Verhalten der Person? Schreibe passende Wörter aus dem Kasten auf die Linien. Überlege dir auch eigene Wörter.

ängstlich	herzlos	zurückhaltend	verständnisvoll	verzweifelt	hinterhältig	
unüberlegt	egoistisch	liebevoll	mutig	aggressiv	freundlich	klug
friedlich	großzügig	lustig	wütend	stur	arrogant	

3. Findest du ihr Verhalten richtig oder falsch? Begründe.

4. Wie hättest du dich verhalten?

Vermutungen anstellen

Bis hierhin habe ich gelesen: Seite ______________

Das ist bisher passiert (in Stichworten):

✓ ____

✓ ____

✓ ____

✓ ____

✓ ____

✓ ____

Beim Lesen ging es mir so:

○ Ich musste oft lachen.

○ Ich war traurig.

○ Ich war in Sorge um die Figur ______________________________.

○ Ich war angespannt.

○ Ich wurde immer neugieriger.

○ Ich war wütend auf ______________________________________.

Schreibe den letzten Satz auf, den du gelesen hast:

____

____

____

Wie könnte es weitergehen?

○ Jemand verliebt sich.

○ Es passiert etwas Schlimmes.

○ Es passiert etwas Lustiges.

○ Es gibt einen Streit.

○ Nichts von alledem, sondern:

____

Vermutungen anstellen

Bis hierhin habe ich gelesen: Seite ___________

Das ist bisher passiert (in fünf Sätzen zusammengefasst):

Das hat mich bisher am meisten interessiert oder beschäftigt. Daran musste ich oft denken:

Schreib den letzten Satz auf, den du gelesen hast:

Wie könnte deiner Meinung nach der nächste Satz lauten? Schreibe ihn mit deinen eigenen Worten auf:

Ich hoffe, so geht es weiter:

<table>
<tr><td>

Gewicht stemmen

Würfle mit zwei Würfeln. Addiere die Augenzahl. Klettere vorsichtig auf deinen Stuhl und stemme das Buch so oft hoch in Richtung Decke.

</td><td></td></tr>
<tr><td>

Handstand

<u>Nur für Profis!</u>
Schlage dein Buch auf und lege es auf den Boden. Mache einen Handstand gegen die Wand. Kannst du nun einen Satz vorlesen?

</td><td></td></tr>
<tr><td>

Seil springen

Immer, wenn in deinem Buch eine Schnapszahl vorkommt (z. B. 11, 22 ...) darfst du Seil springen. Schaffst du so viele Sprünge, wie auf der Seitenzahl steht?

</td><td></td></tr>
</table>

Gefühle lesen

Darum geht es: unabhängig vom Inhalt einen Satz gefühlvoll zu lesen

Material/Vorbereitung: Sie brauchen drei Würfel mit den Zahlen 1–9, Karten mit Anweisungen wie: Lies den Text ganz traurig. Versuche möglichst witzig zu lesen. Lies geheimnisvoll ... Die Karten befinden sich auf der CD.

Ablauf: Die Schüler setzen sich in einen Halbkreis. Es wird ein Buch ausgewählt. Mit den drei Würfeln wird die entsprechende Seitenzahl festgelegt. Jedes Würfelauge steht für eine Ziffer. Ein Schüler schlägt die entsprechende Seite auf und liest den ersten vollständigen Satz in Ruhe durch. Dann zieht er eine Anweisung und liest seinen Satz mit dem entsprechenden Gefühl. Die Mitschüler müssen das Gefühl erraten.

Faxmaschine

Darum geht es: Wahrnehmung und Weitergabe von Berührungen. Verbindungen herstellen zu Begriffen aus dem Leseprojekt.

Material/Vorbereitung: Zettel und Stift(e), vorgefertigte einfache Motive (Strichzeichnungen) zum Thema „Lesen“, z.B. Buch, Mann, Frau; Karten befinden sich auf der CD.

Regeln/Ablauf: Es werden zwei gleich große Reihen gebildet. Die Spieler einer Reihe sitzen jeweils hintereinander. Die letzten beiden bekommen von einem Spielleiter das selbe Bild gezeigt und müssen dies auf den Rücken des Vordermannes malen. Der Vorderste in der Reihe malt das Bild, so wie es beim ihm ankommt, heimlich auf einen Zettel. Die beiden Bilder werden mit dem Original verglichen. Die Mannschaft, deren Bild dem Original am ähnlichsten ist, bekommt einen Punkt. Die Mannschaft mit den meisten Punkten gewinnt.

Überraschende Wendung

Darum geht es: Kreativität fördern, Begriffe aus dem Leseprojekt nennen

Material/Vorbereitung: Jeder Mitspieler überlegt sich zu Beginn des Spiels ein Wort und notiert dieses auf einem Zettel. Eventuell notiert die Lehrperson mögliche Satzanfänge auf einem Plakat oder an der Tafel als Hilfe.

Regeln/Ablauf: Ein Mitspieler beginnt, eine Geschichte zu erzählen. Mittendrin stoppt er und zeigt auf eine andere Person, die nun ihr Wort sagen muss und so die Geschichte weitererzählt. Zum Beispiel: Ich saß gerade zu Hause auf dem Sofa und las, als > nächster Schüler: ich an mein Buch denken musste. Das geht so lange, bis jeder einmal dran war. Man kann aber auch mehrmals drankommen.

Platztausch

Darum geht es: Eigenschaften der eigenen Bücher erkennen

Material/Vorbereitung: Karten mit Eigenschaften zu den Büchern (z. B. männlicher Hauptdarsteller, Autorin, Buch mit weniger als 200 Seiten, Jugendbuch, Buch mit Bildern ...), die Karten befinden sich auf der CD.

Regeln/Ablauf: Alle sitzen im Stuhlkreis, in dem ein Stuhl fehlt, ein Schüler steht in der Mitte. Der Lehrer als Spielleiter steht außerhalb des Kreises. Der Lehrer nennt eine Eigenschaft, daraufhin müssen alle Schüler, auf deren Buch die Eigenschaft zutrifft, den Platz tauschen. Der Schüler in der Mitte kann nun versuchen, einen Sitzplatz zu ergattern. Dafür steht dann ein anderer Schüler in der Mitte. Das Spiel beginnt von vorne.

Variation: Der Schüler in der Mitte nennt eine Eigenschaft, zu der die Plätze getauscht werden.

Fliegenklatschen

Darum geht es: Wissen zu Büchern abrufen

Material/Vorbereitung: Jeder Schüler erhält eine Fliegenklatsche und es werden rote und grüne Felder in A5-Größe verteilt. Die Lehrperson überlegt sich wahre und falsche Aussagen zu den verschiedenen Büchern.

Regeln/Ablauf: Die Lehrperson nennt eine Aussage, die Schüler müssen entscheiden, ob diese wahr oder falsch ist. Je nach ihrer Entscheidung klatschen sie auf das rote (falsche Aussage) oder grüne (wahre Aussage) Feld. Gemeinsam wird die richtige Lösung kurz besprochen. Dann folgt die nächste Frage.

Variation: Nur zwei Schüler spielen gegeneinander. Das macht die Entscheidung leichter, wer zuerst geklatscht hat.

Finde eine Person, deren Buch ...

Darum geht es: Austausch mit Mitschülern

Material/Vorbereitung: Stifte, Tabelle mit Eigenschaften zu Büchern (z. B. männliche Hauptperson, spannend etc.). Die Kopiervorlage liegt in zwei Schwierigkeitsstufen auf den Seiten 63 und 64 vor.

Regeln/Ablauf: Jeder Schüler benötigt eine Tabelle und einen Stift. Wenn alle bereit sind, gibt der Lehrer das Startsignal. Die Schüler bewegen sich frei im Klassenzimmer und befragen ihre Mitschüler. Ziel ist es, die Kästchen möglichst mit Unterschriften von Mitschülern zu füllen, auf deren Buch die Aussage zutrifft.

Spiel für die ganze Klasse

Finde eine Person, deren Buch …

Ziel: so schnell wie möglich Unterschriften von Mitschülern sammeln

… mehr als 100 Seiten hat.	**… eine männliche Hauptperson hat.**	**… von einem Mann geschrieben wurde.**
… teurer war als deines.	**… etwas mit Liebe zu tun hat.**	**… eine weibliche Hauptperson hat.**
… spannend ist.	**… ein buntes Titelbild hat.**	**… ihr von jemandem empfohlen wurde.**
… weniger Seiten als dein Buch hat.	**… lustig ist.**	**… auch was mit Tieren zu tun hat.**

Spiel für die ganze Klasse

Finde eine Person, deren Buch …

Ziel: so schnell wie möglich Unterschriften von Mitschülern sammeln

… mehr als 100 Seiten hat. ______	**… eine männliche Hauptperson hat.** ______	**… von einem Mann geschrieben wurde.** ______	**… weniger Seiten hat als dein Buch.** ______
… teurer war als deines. ______	**… etwas mit Liebe zu tun hat.** ______	**… es auch als Film gibt.** ______	**… spannend ist.** ______
… mehr als 10 Kapitel hat. ______	**… auch Bilder enthält.** ______	**… ihr von jemandem empfohlen wurde.** ______	**… schwerer ist als dein Buch.** ______
… Kapitel mit Überschriften hat. ______	**… lustig ist.** ______	**… auch etwas mit Tieren zu tun hat.** ______	**… von einer Frau geschrieben wurde.** ______
… ein buntes Titelbild hat. ______	**… in der Vergangenheit spielt.** ______	**… eine weibliche Hauptperson hat.** ______	**… weniger als 400 Seiten hat.** ______

Nach dem Lesen – Lehrertipps

Fertige Lesetagebücher

Binden Sie fertige Lesetagebücher und stellen Sie sie für Mitschüler aus. Hier können auch Aufsteller der Genres zum Einsatz kommen, indem die Bücher ihren Genres zugeordnet werden.

Rezensionen

Die Rezensionen können für die Schülerzeitung genutzt werden.

Lesenacht oder Lesefest

Ein gemeinsames Event, bei dem die Schüler ihre Bücher präsentieren und bei dem gemeinsam ein Lesefest gefeiert wird, ist ein schöner Abschluss.

Brettspiel zum kompletten Leseprojekt

Im Spiel wird erworbenes Wissen abgefragt, z. B. Wissen zu den Genres. Es werden Fragen zu den gelesenen Büchern gestellt. Die Schüler müssen dazu wissen, was ihre Mitschüler gelesen haben.Es werden Bewegungsaufgaben gestellt, sowie Scherz- und Schätzfragen.

Du bist am Ende deines Buches angekommen.

Das Buch endet mit dem Satz:

____

____

____

Was ist das erste Gefühl, wenn du an dein Buch denkst? Umkreise.

Zufriedenheit   Anstrengung   Stolz   Stress

Hoffnung   Spaß   Unterhaltung   Motivation   Ärger   Trauer

Hilflosigkeit   Glück   Langeweile   Spannung

Was war deine größte Erwartung?	Wurde sie erfüllt?
○ Spannung ○ Abenteuer ○ Spaß/Witz ○ Gruseln ○ Unterhaltung ○ Neues lernen ○ ______________	Ja, weil ______________ ______________ ______________ Nein, weil ______________ ______________ ______________

Aufgaben zur Reflexion

Du bist am Ende deines Buches angekommen.

1. Das Buch endet mit dem Satz: ____

____

2. Wie geht es dir nun?

- ○ Schade, dass es schon vorbei ist.
- ○ Ich würde gerne noch weiterlesen.
- ○ Ich bin stolz, dass ich es fertig gelesen habe.
- ○ Ich fand es sehr anstrengend.
- ○ Mir hat das zu lange gedauert.
- ○ Manchmal wollte ich das Buch einfach weglegen und nicht mehr weiterlesen.
- ○ Ich würde gerne gleich das nächste Buch anfangen.
- ○ Ich brauche erst etwas Zeit, um über das Buch nachzudenken, bevor ich das nächste Buch anfange.
- ○ Ich lese in nächster Zeit kein Buch mehr.
- ○ ____

3. Erinnerst du dich an deine Erwartungen vor dem Lesen? Schreibe sie in die Tabelle und kreuze an, ob sie erfüllt wurden.

Erwartung	Wurde sie erfüllt?

4. Wenn du spontan ein Gefühl benennen müsstest im Zusammenhang mit deinem Buch, welches wäre das? Umkreise das passendste Gefühl.

Stolz	Zufriedenheit	Glück	Langeweile	Anstrengung	Stress	Spannung
Hoffnung	Spaß	Unterhaltung	Hilflosigkeit	Motivation	Ärger	Trauer

Offene Fragen

Du weißt nun einiges über dein Buch.
Bestimmt hast du auch noch Fragen, die nicht geklärt sind.

Ich habe eine Frage zu

- ○ einer Person.
- ○ einem Ort/Schauplatz.
- ○ etwas, das in der Geschichte passiert ist.

Frage:

___

___

___

?

Mit welcher Hilfe kann die Frage geklärt werden?

- ○ Internetrecherche
- ○ Gespräch mit einem Mitschüler
- ○ Gespräch mit einem Lehrer
- ○ Gespräch mit jemandem, der das Buch auch gelesen hat
- ○ noch mal genau nachlesen
- ○ Mail an den Autor

Antwort:

___

___

___

___

!

Offene Fragen

Du weißt nun einiges über dein Buch.
Aber bestimmt gibt es für dich noch Fragen, die nicht geklärt sind.

Internetrecherche, Gespräch mit einem Mitschüler, Gespräch mit einem Lehrer, Gespräch mit jemandem, der das Buch auch gelesen hat, noch mal genau nachlesen, Mail an den Autor etc.

Das würde mich noch interessieren: ?	Mit welcher Hilfe kann diese Frage geklärt werden?	Diese Antwort habe ich bekommen. !

Fragen an den Autor

Stell dir vor, du hast die Möglichkeit, den Autor zu treffen und darfst genau eine Frage stellen. Welche wäre das? Notiere sie in der Sprechblase:

Guten Tag Herr ______________________,
Guten Tag Frau ______________________,

ich habe Ihr Buch ______________________
gelesen. Ich fand es ______________________

Ich habe noch eine Frage:

____
____
____
____
____

Es wäre toll, wenn Sie mir diese beantworten können.
Mit freundlichen Grüßen

____

Du weißt nicht, was du fragen könntest? Hier findest du Anregungen:

- Warum haben Sie das Buch geschrieben?
- Wo haben Sie das Buch geschrieben?
- Wie sind Sie auf den Hauptcharakter gekommen?
- Haben sie einen Lieblingscharakter?
- Soll es eine Fortsetzung geben?
- Gibt es Gemeinsamkeiten vom Buch zu Ihrem Leben?

Denk daran: Dir unbekannte Personen werden mit Sie und Ihnen/Ihren angesprochen. Das nennt man höfliche Anrede und diese schreibt man immer groß!

@ Oft sind in Büchern die Kontaktdaten des Autors angegeben. Du kannst ihm deine Frage auch per Mail stellen.

Fragen an den Autor

Hast du noch Fragen, auf du im Internet keine Antwort findest? Das können Fragen zum Inhalt sein (zu Personen/Ereignissen). Es können aber auch Fragen sein, die den Autor betreffen. Was interessiert dich? Kreuze an oder überlege dir eigene Fragen.

- ○ Warum haben Sie das Buch geschrieben?
- ○ Wo haben Sie das Buch geschrieben?
- ○ Wie sind Sie auf den Hauptcharakter gekommen?
- ○ Warum ist ____________________ so ____________________?
- ○ Haben sie einen Lieblingscharakter?
- ○ Soll es eine Fortsetzung geben?
- ○ Gibt es Gemeinsamkeiten vom Buch zu Ihrem Leben?
- ○ ____
- ○ ____
- ○ ____
- ○ ____
- ○ ____
- ○ ____

Stell dir vor, du hast die Möglichkeit, den Autor zu treffen und darfst genau drei Fragen stellen. Welche wären das? Notiere sie in die Sprechblasen:

1.

2.

3.

@ Oft sind in Büchern die Kontaktdaten des Autors angegeben. Du kannst ihm deine Frage auch per Mail stellen.

Mögliche Änderungen am Buch

Was würdest du am Buch ändern, das eine Person betrifft?

Das **Aussehen** von: ______________________________

So sieht die Person im Buch aus:

- ○ groß
- ○ klein
- ○ dick
- ○ dünn
- ○ jung
- ○ alt
- ○ hübsch
- ○ hässlich
- ○ blond
- ○ dunkelhaarig
- ○ kurzhaarig
- ○ Locken
- ○ glatte Haare
- ○ komisch
- ○ schöne Zähne

Dieses Aussehen hätte ich mir gewünscht:

- ○ ______________________
- ○ ______________________
- ○ ______________________
- ○ ______________________

Das **Verhalten** von: ______________________________

So ist die Person im Buch:

- ○ nett
- ○ böse
- ○ hinterlistig
- ○ schlau
- ○ dumm
- ○ gemein
- ○ freundlich
- ○ herzlich
- ○ egoistisch
- ○ ______________________

Dieses Verhalten hätte ich mir gewünscht:

- ○ ______________________
- ○ ______________________
- ○ ______________________
- ○ ______________________

Mögliche Änderungen am Buch

Was würdest du am Buch ändern, das die Geschichte betrifft?

Den Anfang

- ○ Der Anfang war verwirrend.
- ○ Der Anfang war langweilig.
- ○ Der Anfang war zu spannend und aufregend.

Diesen Anfang hätte ich mir gewünscht (Stichworte):

____

____

____

Ein Ereignis

Das ist passiert: ______________________________

Das hätte ich mir gewünscht: ______________________

____

Wenn du das änderst, hat das Auswirkungen auf den gesamten Inhalt?

- ○ Nein, alles würde gleich bleiben.
- ○ Ja, dann würde Folgendes passieren: ______________

  ____.

  ____.

Den Schluss

- ○ Der Schluss kam zu schnell.
- ○ Es gab kein glückliches Ende.
- ○ Es gab ein glückliches Ende, das wollte ich aber nicht.

Dieses Ende hätte ich mir gewünscht:

____

____

Mögliche Änderungen am Buch

Manchmal ist man mit Teilen eines Buches nicht zufrieden. Man wünscht sich, eine **Person** hätte eine andere Entscheidung getroffen, anders reagiert oder anders gehandelt. Vielleicht hätte man sich für die **Geschichte** einen anderen Schluss erhofft. Was würdest du ändern? Kreuze an.

Person 		**Geschichte** 	
Das Aussehen?		Den Anfang?	
Das Verhalten?		Den Schluss?	
Ein Gespräch?		Ein Ereignis?	

So steht es im Buch	So wünsche ich es mir
______________________	______________________
______________________	______________________
______________________	______________________
______________________	______________________
______________________	______________________
______________________	______________________
______________________	______________________
______________________	______________________

Warum würdest du das gerne ändern? Was stört dich daran?

____

____

Wenn du das änderst, hat das Auswirkungen auf den gesamten Inhalt?

○ Nein, alles würde gleich bleiben.

○ Ja, dann würde Folgendes nicht passieren: ______________________

____.

____.

Ein neues Buchcover

Viele Menschen kaufen Bücher, weil sie das Cover ansprechend finden. Schau dir dein Cover noch einmal ganz genau an. Passt es wirklich zu deinem Buch? Oder müssten andere Gegenstände, Personen und Landschaften darauf zu sehen sein?

So sieht mein Cover bisher aus:

Mache ein Foto von deinem Cover und klebe es auf oder suche das passende Bild im Internet.

So soll mein Cover aussehen:

Du kannst dein Cover malen, aber auch eine Collage aus Zeitschriften oder Bildern aus dem Internet erstellen.

Das finde ich am Originalcover gut:

____

____

____

Das finde ich am Originalcover nicht gut:

____

____

Ein neues Buchcover

Viele Menschen kaufen Bücher, weil sie das Cover ansprechend finden. Schau dir dein Cover noch einmal ganz genau an. Du kennst nun den Inhalt des Buches. Passt das Cover wirklich zu deinem Buch? Oder müssten andere Gegenstände, Personen und Landschaften zu sehen sein?

Auf meinem bisherigen Cover sieht man:

____

____

____

____

Folgende Dinge finde ich auf dem Cover passend zu dem Inhalt:

- ____________________________________
- ____________________________________
- ____________________________________
- ____________________________________

Diese Dinge finde ich unpassend zum Inhalt:

- ____________________________________
- ____________________________________
- ____________________________________
- ____________________________________

Grund: ____________________________________

____

Das hätte ich mir auf dem Cover gewünscht:

____

____

____

Buchbewertung mit Sternen

Du hast viel Zeit mit deinem Buch verbracht und bist nun Experte für deine Geschichte. Jetzt darfst du dein Buch bewerten. Nimm dir einen Buntstift und male die Sterne aus. Gibt es eine Überschrift, die nicht zu deinem Buch passt, musst du nichts ausmalen.

Je mehr Sterne du ausmalst, desto besser.

Humor:

Mein Buch hat mich oft zum Lachen gebracht.

Unterhaltung:

Mein Buch war nie langweilig. Ich hab mich oft gefragt, wie es auf der nächsten Seite oder im nächsten Kapitel weitergeht.

Schön erzählt:

Mir hat gefallen, wie der Autor die Geschichte erzählt hat.

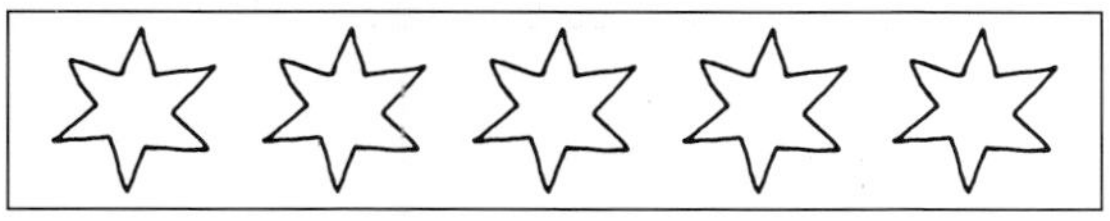

Personen:

Die Personen im Buch haben mir gefallen.

Lernen:

Ich habe beim Lesen viel Neues erfahren.

____

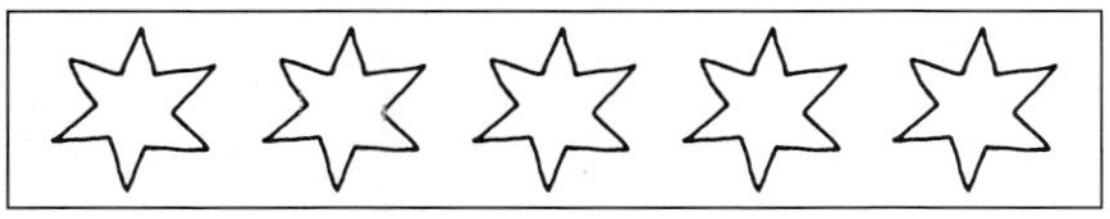

Eine Buchbewertung schreiben

Bei einer Buchbewertung beschreibt der Leser in eigenen Sätzen den Inhalt des Buches und seine Meinung dazu. Interessierte Leser können die Buchbewertung durchlesen und entscheiden, ob ihnen das Buch auch gefallen könnte.

Schau dir verschiedene Buchbewertungen in Zeitschriften oder im Internet an. Notiere Sätze, die dir gefallen und die du vielleicht für deine Buchbewertung auch benutzen kannst.

Schneide oder drucke die beste Bewertung aus und klebe sie ein.

Kannst du begründen, warum dir diese Bewertung so gut gefallen hat?

Meine Buchbewertung

Name des Buches:

Inhalt des Buches: Wichtig: Verrate nicht den Schluss!

Das Buch ______________________ (Titel) von ______________________ (Autor) ist

ein ______________________ (Genre).

Die Hauptperson im Buch ist ______________ (Name). ______________ (Name) ist

__________ (Alter).

Inhalt des Buches kurz und knapp:

Deine Meinung zum Buch: Das fandest du gut, schlecht, langweilig, zu gruselig …

Wichtig: Meinungen müssen immer begründet werden.

Mir hat das Buch gut gefallen, weil

______________________.

Mir hat das Buch nicht gefallen, weil

______________________.

Kaufempfehlung oder Kaufwarnung:

Ja, man soll sich das Buch kaufen, weil

______________________.

Nein, man soll sich das Buch nicht kaufen, weil

______________________.

Meine Buchbewertung

Name des Buches:

Inhalt des Buches: Autor, Genre, Hauptpersonen, Inhalt. Wichtig: Verrate nicht den Schluss!

Deine Meinung zum Buch: Das fandest du gut, schlecht, langweilig, zu gruselig …
Wichtig: Meinungen müssen immer begründet werden.

Kaufempfehlung oder Kaufwarnung: Soll man sich das Buch kaufen? Ja oder nein?
Begründe.

Eine interessante Buchvorstellung vorbereiten

Das Buch heißt:

____

Es wurde geschrieben von:

____

Es gehört zum Genre:

	Jugendbuch		Biografie
	Liebesroman		Sachbuch
	Krimi		Science-Fiction
	Thriller		Fantasy
	Humorvolles		Historischer Roman

Ich habe mich für das Buch entschieden, weil:

____

____

____.

Die **Hauptperson** heißt ______________________________.

Sie ist ____________ Jahre alt.

So sieht sie aus: (umkreisen)	groß, klein, dick, dünn, hübsch, sportlich, jung, alt, ______________________
So ist sie:	lustig, verrückt, sensibel, lebhaft, überdreht, ruhig, ungeschickt, ______________________
Das macht sie gerne/nicht gerne:	lesen, reiten, singen, ______________________
Besonderheiten:	______________________ ______________________

Eine interessante Buchvorstellung vorbereiten

Wer sind weitere wichtige Figuren?

Name		
Alter		
Aussehen		

Darum geht es in dem Buch:

Meine Lieblingsstelle im Buch:

Seite: ____________

Was passiert da? Kreuze an.

○ etwas Lustiges

○ etwas Trauriges

○ etwas Schönes

○ etwas, das zum Nachdenken anregt

○ etwas, über das man sich ärgert

○ ____________

○ ____________

Diesen Filmausschnitt oder Teil des Hörspiels könnte ich abspielen:

Eine interessante Buchvorstellung vorbereiten

Du solltest folgende Fragen beantworten können:

Wie heißt dein Buch?

____

Wer hat das Buch geschrieben?

____

Wann wurde das Buch geschrieben?

____

Welche Art von Buch ist es (Genre)?

____

Warum hast du dich für das Buch entschieden?

____

____

Wer ist die Hauptperson? Wie ist sie? Benutze passende Adjektive (Wiewörter).

Name	
Alter	
Aussehen	
Hobbys	
Besonderheiten	

Eine interessante Buchvorstellung vorbereiten

Wer sind weitere wichtige Figuren?

Name		
Alter		
Aussehen		
Besonderheiten		

Fasse den Inhalt in fünf Sätzen zusammen.

Hast du eine Lieblingsstelle im Buch? Was passiert da?

Diesen Filmausschnitt oder Teil des Hörspiels könntest du abspielen:

Dieser Abschlusssatz könnte deine Zuhörer neugierig auf das Buch machen:

Tipps und Tricks zur Buchvorstellung

Du hast nun alles erarbeitet, was du vorstellen kannst und sollst.

So stellst du das Buch vor:

- Beginne mit den **allgemeinen Informationen**: Titel, Autor, Genre.
- Danach erzählst du, **warum** du dich für das Buch entschieden hast.
- Beschreibe dann kurz die **Figuren** im Buch.
- Fasse nun die **Handlung** zusammen. Aber verrate nicht den Schluss, es soll ja spannend bleiben.
- Such dir eine Stelle aus, die du **vorlesen** möchtest, und übe diese.
- Überlege dir einen **Abschlusssatz**, mit dem du die anderen neugierig auf dein Buch machst.

Das könnte deine Zuhörer interessieren:

- das Buch (mitbringen und zeigen)
- Gibt es zum Buch ein Hörbuch oder einen Film? Wenn ja, kannst du einen Ausschnitt anhören lassen oder zeigen?
- Welche Aufgaben zum Buch hast du bearbeitet? Zeige einzelne Arbeitsblätter, die du besonders gelungen findest.

Was ist beim Sprechen vor den Mitschülern zu beachten?

- **Redeauftritt und Redeabtritt:** Wenn du vor die Klasse trittst, solltest du warten, bis alle ruhig sind und bereit, dir aufmerksam zuzuhören. Am Schluss solltest du nicht gleich weglaufen, sondern erst einmal den Applaus entgegennehmen!
- **Blickkontakt:** Jeder sollte sich angesprochen fühlen.
- **Möglichst frei:** Am besten ist es, mithilfe von Stichworten möglichst frei zu sprechen.
- **Verständlich:** Versuche, deinen Vortrag so verständlich wie möglich zu formulieren, am besten in eigenen Worten.
- **Generalprobe:** Bevor du die Buchvorstellung vor der Klasse machst, kannst du sie vor einer vertrauten Person (Eltern, Geschwister, gute Freunde ...) ausprobieren. Dabei kannst du die Zeit stoppen, den Redebeitrag auf Verständlichkeit überprüfen lassen und ganz nebenbei dein Lampenfieber etwas abbauen.

Mindmap – Das Leseprojekt war… (1)

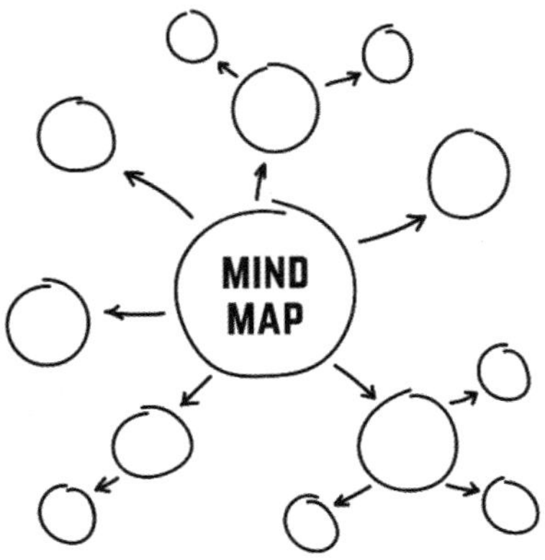

Du sollst nun alles was dir zum Leseprojekt einfällt aufschreiben. Wir schlagen dir vor, das als Mindmap (Gedankenlandkarte) zu machen. Du schreibst in die Mitte dein Thema und außen herum alles, was dir dazu einfällt. Das können Sätze sein, aber auch Worte oder Zeichnungen.

Mögliche Kategorien können sein:

Der Buchinhalt			
spannend	witzig	gruselig	langweilig
so wie ich es mir vorgestellt habe	total neu für mich		

Die Personen im Buch			
cool	Name der wichtigsten Person	am liebsten mochte ich	nett
hätte ich gerne als Freund	so wäre ich auch gerne		

Das Lesen			
war anstrengend	hat Spaß gemacht	ging mir zu lang	toll, dass ich so viel Hilfe hatte
würde ich sofort wieder machen	langweilig	neu	

Mein Lesetagebuch			
ist schön geworden	hat Spaß gemacht	war anstrengend	hat mich vom Lesen abgelenkt
kann ich nicht mehr sehen	hat mir geholfen		

Weitere Kategorien können sein: Orte im Buch, der Autor, die Zeit, in der das Buch spielt, das Genre, das habe ich gelernt, das hat mich geärgert, das hat mich erstaunt.

Das Leseprojekt war… (2)

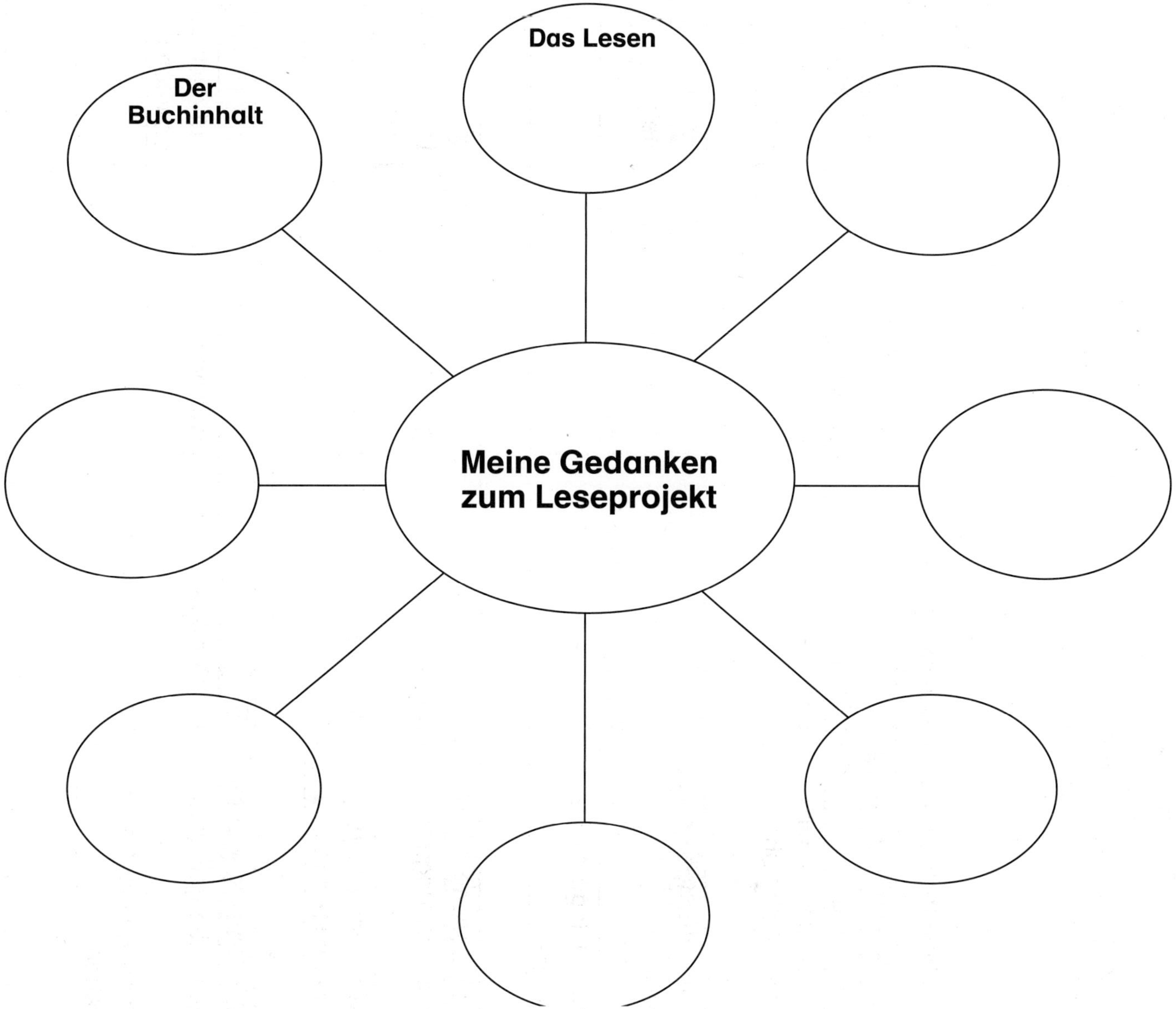

Balancieren Stelle einen Kleber auf dein Buch. Balanciere ihn zur Klassenzimmertür und zurück zu deinem Platz.	
Sprung für Sprung Lege dein Buch auf den Boden. Springe über das Buch. Hebe es auf und lege es wieder vor dich. Kommst du so bis zur Tafel nach vorne?	
Pinguinmarsch Klemme dein Buch quer zwischen beide Knie. Versuche so, ein Mal um deinen Tisch zu laufen, ohne das Buch zu verlieren.	

Hörspielpuzzle

Darum geht es: Sein eigenes Buch anhand von kurzen sprachlichen Sequenzen erkennen

Material/Vorbereitung: In einem größeren Raum werden an die Wände und in die Ecken große Zettel mit Titel, Autor, Hauptpersonen, Ort des Geschehens der einzelnen Bücher gehängt, sodass sie alle lesen können. Die Schüler setzen sich in der Mitte in einen Kreis, wenn möglich auf den Boden.

Regeln/Ablauf: Der Lehrer lässt eine kurze Sequenz eines Hörspiels laufen und die Schüler müssen erraten, um welches Buch es sich handelt, und dann zum entsprechenden Zettel laufen. Die Zettel mit dem Namen der Hauptperson und des Ort des Geschehens helfen den Schülern dabei, sich festzulegen und vereinfachen das Spiel. Das Spiel kann erst gespielt werden, wenn alle Schüler wissen, welche Bücher ihre Mitschüler lesen.

Variation: Sollte es nicht zu jedem Buch ein Hörspiel geben, kann der Lehrer auch einzelne Stellen aus den Büchern vorlesen.

Gefühle spielen 

Darum geht es: Gefühle und Wahrnehmungen nachspielen

Material/Vorbereitung: Die Lehrkraft liest Sätze zu den Büchern und zum Lesen vor (z. B. Greg ist ein witziger Typ. Jack ist sehr sportlich. Oder: Wie fühlst du dich, wenn du ganz viel gelesen hast? Du hast dein Buch komplett gelesen, sei stolz auf dich ...). Karten befinden sich auf der CD.

Regeln/Ablauf: Die Schüler gehen durch den Raum. Sie sollen nun versuchen, durch ihre Mimik und ihre Körperhaltung unterschiedliche Gefühle darzustellen. Die Lehrkraft gibt die entsprechenden Hinweise.

Quatsch lesen

Darum geht es: aus vorgegebenen Worten einen Satz bilden

Material/Vorbereitung: Jeder Schüler notiert sich einen Namen, ein Substantiv, ein Adjektiv und ein Verb, welches zu seinem Buch passt, auf einzelne A4-Blätter. Zum Beispiel: Harry Potter, Zauberstab, schlau, laufen ... Die Blätter werden gut leserlich für alle auf dem Boden verteilt.

Regeln/Ablauf: Alle Schüler gehen um die Blätter außen herum. Die Schüler müssen nun aus einem Begriff von ihnen und drei Begriffen von anderen Schülern einen Satz bilden. Dazu dürfen natürlich Füllwörter und Verbindungswörter genutzt werden. Verben dürfen gesteigert werden ... Ziel ist es, möglichst witzige Sätze zu bilden und diese vorzulesen. Es geht aber auch darum, möglichst schnell einen Satz aus den vorgegebenen Worten zu bilden.

Darts

Darum geht es: Wissen zum eigenen Buch abrufen

Material/Vorbereitung: Präparieren Sie eine Dartscheibe mit Fragen. Je schwerer die Frage, desto mehr Punkte werden verteilt. Alternativ können die Fragen auf ein Plakat neben die Dartscheibe gehängt werden, z. B. bei 20 Punkten: Wie heißt der Hauptdarsteller in deinem Buch?

Regeln/Ablauf: Schüler wirft Dartpfeil und beantwortet die Frage. Bei richtiger Antwort bekommt er die entsprechenden Punkte.

Variation: Kreise werden auf den Boden gezeichnet und Schüler wirft ein Sandsäckchen in den Kreis. Je weiter innen, desto kleiner der Kreis, desto mehr Punkte und desto schwieriger die Frage.

Der Preis ist heiß

Darum geht es: Wissen zu den Büchern abrufen

Material/Vorbereitung: Tafelanschrieb (kann erweitert werden)

A	B	C	D
1	1	1	1
2	2	2	2
3	3	3	3

Lehrer überlegt sich für jedes Zahlenfeld eine Frage. Bei A1 z. B.: Welcher Schüler liest das Buch ....? Wie heißt der Hauptdarsteller im Buch ....?

Ablauf: Die Schüler können als Team, in Gruppen oder einzeln gegeneinander spielen. Sobald das festgelegt ist, darf derjenige beginnen, der bisher die meisten Seiten in seinem Buch gelesen hat. Er wählt eine Kategorie. Beantwortet er die Frage richtig, darf er noch einmal. Beantwortet er die Frage falsch, ist die Frage für alle offen. Gewonnen hat, wer die meisten Punkte gesammelt hat.

Kästchen werfen

Darum geht es: Festigung des Inhalts

Material/Vorbereitung: Großes Feld mit neun kleinen Feldern auf dem Boden (markiert mit Kreide oder Klebeband); in jedem Feld steht eine Frage, z. B.: Wie heißt dein Hauptdarsteller? Wie heißt der Autor? Wie viele Seiten hat dein Buch? Wie heißt der Verlag? Zu welchem Genre gehört das Buch? ...

Regeln/Ablauf: Ein Schüler erhält ein Wurfsäckchen und muss in ein Feld werfen. Kann er die entsprechende Frage beantworten, bekommt er einen Punkt. Danach wird gewechselt. Jeder hat neun Würfe und kann mit Zielgenauigkeit und Wissen die volle Punktzahl erreichen.